글쓴이 **김산하** · 그린이 **김한민**

산하와 한민은 같이 대공원에 가는 걸 좋아해요. 멀리 고향을 떠나온 동물을 보면 불쌍하기도 하지만, 두 형제에게 동물들은 늘 친구같았죠. 인도네시아에서 동물학 강사를 했던 형은 열대 동물을 즐겨 찾고, 페루에서 자동차 정비를 했던 동생은 남아메리카 동물을 특히 좋아해요. 둘은 나란히 한국 국제협력단의 봉사 단원으로 활동했거든요. 그러면서 세계의 여러 나라 사람들을 만날 수 있었어요. 자연과 늘 함께하는 그들에게 주변의 동물은 정말 친숙해 보였죠. 한국 어린이들도 주변의 동물들과 가깝게 지내는 것이 형제의 희망이에요. 「STOP!」 시리즈는 자연과 어린이가 만날 수 있도록 만들어진 책이에요. 2권에서는 암컷과 수컷의 소중한 만남과 짝짓기에 대한 이야기를 다뤄요.

❷ 동물들의 가족 만들기

1판 1쇄 펴냄–2006년 11월 10일, 1판 8쇄 펴냄–2022년 5월 19일
글쓴이 김산하 그린이 김한민 펴낸이 박상희 펴낸곳 (주)비룡소
출판등록 1994. 3. 17. (제16-849호) 주소 06027 서울시 강남구 도산대로1길 62 강남출판문화센터 4층
전화 영업 02)515-2000 팩스 02)515-2007 편집 02)3443-4318,9 홈페이지 www.bir.co.kr
제품명 어린이용 각양장 도서 제조자명 (주)비룡소 제조국명 대한민국 사용연령 3세 이상

ⓒ 김산하, 김한민 2006 Printed in Seoul, Korea.

ISBN 978-89-491-5185-4 74490/ 978-89-491-5183-0(세트)

* 이 책은 자원의 순환과 환경 보호에 기여하기 위해 재생종이와 콩기름 잉크를 써서 만들었습니다.
책 뒤표지에는 한국간행물윤리위원회가 인증하는 녹색출판 마크를 실었습니다.

② 동물들의 가족 만들기

김산하 글 · 김한민 그림

비룡소

등장인물 소개

지니
동물 모자를 즐겨 쓰는 우리의 주인공! 동물들과 말할 수 있는 특별한 능력을 가졌어요. 상상력이 풍부해서 언제 상상의 세계로 빠져들지 모르죠. 엄마가 만들어 준 동물 옷을 입고 진짜 동물이 되어 보기도 해요. 자기만의 상상 토크쇼를 열어, 동물들을 초대한답니다.

엘리
늘 지니와 함께하는 친구예요. 평범한 뱀 인형처럼 보이지만, 사실 엘리는 메두사의 머리카락 뱀 중 하나였어요.

★★★ 지니의 신비한 능력 ★★★

하나!
딱 5분 동안 무엇이든 멈출 수 있어요! 물론 'STOP!' 이라고 주문을 외치는 걸 잊으면 안 되겠죠?

둘!
생명이 깃든 것과는 뭐든지 같이 이야기할 수 있어요! 지니가 그러는데요, 곤충들은 알고 보면 참 수다쟁이래요.

셋!
지니는 상상의 세계에서 마음껏 뛰어놀 수 있어요. 지니에겐 평범한 세상도 이렇게나 재미있어 보인답니다.

우람이
지니네 반 친구예요.
무슨 일이든 항상 일등이 되고 싶어 하지요.

지니 엄마
언제나 바쁘지만 지니를 사랑하는 마음은
항상 최고예요.
엄마는 유명한 패션 디자이너죠.

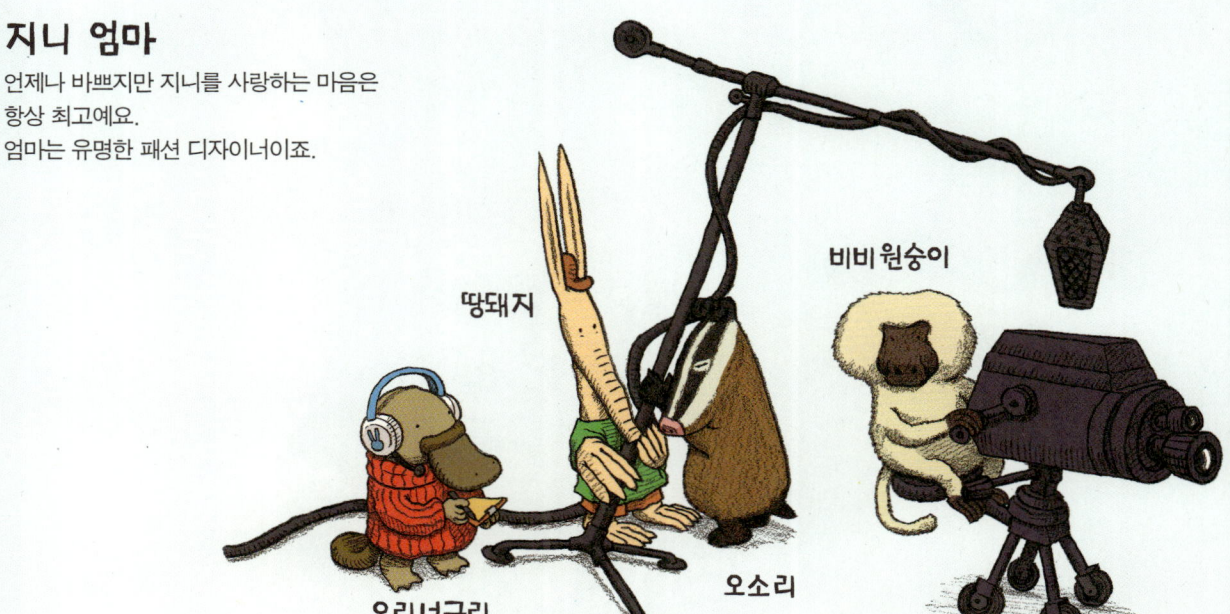

토크쇼의 제작진들
지니의 상상 토크쇼에 등장하는 제작진. PD인 오리너구리, 조명 담당 땅돼지, 카메라맨 비비원숭이 그리고 잡일을 맡은 유럽오소리는 지니에게 없어서는 안 될 친구들이에요. 사실 이 네 친구는 지니 방에 있는 동물 인형들이 잠시 살아난 거랍니다!

제1화 의상 대회가 열려요

수업을 마치고 집에 갈 시간이 다 되었어요. 지니는 아주 뿌듯했지요. 오늘은 학교에서 재미있는 책도 많이 읽고 그림도 열심히 그렸거든요. 게다가 오늘은 숙제도 없는 날이에요! 그때 선생님이 말했어요.

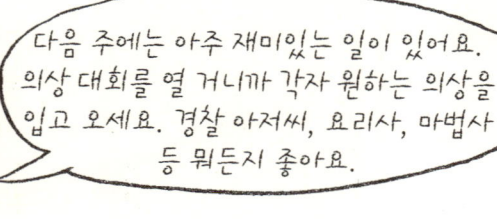

다음 주에는 아주 재미있는 일이 있어요. 의상 대회를 열 거니까 각자 원하는 의상을 입고 오세요. 경찰 아저씨, 요리사, 마법사 등 뭐든지 좋아요.

아이들은 저마다 곰곰이 생각에 잠겼어요. '어떤 옷을 입을까?' 지니는 벌써 머릿속에 떠오르는 옷이 한두 가지가 아니었죠.

맨 앞줄에 앉은 우람이는 무슨 일이든 항상 일등이 되고 싶어 해요.
우람이는 결심했지요. 이번 대회에서도 최고상을 받기로 말이에요!

집으로 돌아오자마자 지니는 엄마한테 이 신나는 소식을 알렸어요.
사실 엄마는 유명한 패션 디자이너랍니다!

물론 지니는 동물이 되고 싶었죠.
하지만 어떤 동물이 될지 결정하기는 정말 어려웠어요.

백과사전은 책장 높은 곳에 있었어요.

지니는 의자를 놓고 그 위로 올라가 팔을 쭈욱 뻗었어요.

꽈당탕! 그 순간 지니는 책과 함께 와르르 떨어졌지요!

아, 그렇구나. 물총새님들은 어떻게 만났나요?

호호호, 어느 따뜻한 봄날이었어요. 제가 나뭇가지 위에 앉아 있는데, 이 남자가 어디선가 나타나더니 저를 막 쫓아오잖아요! 그러더니 물고기 한 마리를 잡아 선물로 주더라고요. 물고기가 어찌나 맛있게 생겼던지! 그때부터 우린 가까워졌답니다.

얼마 뒤 우리는 강둑에 굴을 파서 같이 살기 시작했어요. 함께 아이들을 키우는 일이 얼마나 즐거운지 몰라요. 하여튼 모든 건 그때 선물받은 물고기 덕분이에요. '약혼 물고기'는 잘 골라야 한다니까요!

물총새의 물고기 사냥

물총새도 물속에서는 눈을 감아요. 잘 못 겨누면 돌을 물고 올라오기도 하죠!

와, 선물로 마음을 사로잡았군요.

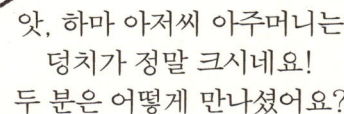

앗, 하마 아저씨 아주머니는 덩치가 정말 크시네요! 두 분은 어떻게 만나셨어요?

우리 남편이 원래 호수에서 넓은 영역을 차지하고 있었어요. 우리 하마들은 피부가 마르면 갈라지기 때문에 항상 물 가까이 있어야 하지요. 남편이 자기 영역을 하도 잘 지키니까 저도 그 안에서 살게 되었어요. 그 넓은 영역을 얼마나 멋지게 잘 지키는데요!

하마한테는 물웅덩이가 꼭 필요하지. 난 이렇게 중요한 걸 지킬 수 있을 만큼 힘이 세단다. 누구든지 내 영역을 탐내기만 해 봐! 이 이빨로 가만두지 않을 테니!

하마 아저씨는 정말 큰 것 같아.

그래야 영역을 잘 지켜서 가족을 만들 수 있으니까.

이봐요, 아가씨!

바우어새는 장식을 잘해요.
바우어새는 둥지 주위를 꽃, 나뭇잎, 깃털, 뱀가죽, 달팽이 껍데기 등 온갖 물건으로 장식해요!

사람의 물건도 장식품
바우어새는 칫솔, 유리 조각, 캔 등 사람들이 사용하는 물건으로도 집을 꾸며요!

아가씨, 어디 가지 말고 이리 와 봐요.

바우어새님이군요. 무슨 재미있는 얘기라도 있나요?

그럼요. 이걸 좀 봐요. 우리 남편이 굉장한 예술가거든요! 풀이나 지푸라기로 둥지 주위를 근사하게 만들고 예쁘게 장식까지 한다니까요. 다른 수컷들보다 훨씬 여러 가지 색으로 꾸며 놨죠! 둥지가 정말 화려하고 예뻐서 남편과 짝짓기를 하기로 마음먹은 거랍니다.

와, 이런 예쁜 집에서 같이 사는 거예요?

아뇨. 저 혼자 다른 곳에서 새끼들을 키워요. 이곳은 또 다른 암컷들하고 만나는 데에 쓰이지요, 험험.

동물들에게 가장 중요한 일

동물들한테 가장 중요한 일은 새끼를 낳는 일이에요. 새끼를 낳기 위해서 하는 모든 행동을 번식이라고 불러요. 수컷하고 암컷이 만나야 번식을 할 수 있죠. 하지만 누구나 다 번식을 할 수 있는 건 아니에요. 능력을 갖춘 동물만이 번식에 성공할 수 있지요.

번식을 위한 수컷의 노력

수컷은 살아갈 능력이 있어야 번식을 할 수 있어요. 그런 능력은 다양한 방법으로 알릴 수 있지요. 먹이를 잡아 오거나, 다른 수컷을 물리칠 수도 있어요. 영역을 지켜서 암컷이 오게 할 수도 있고요. 아니면 아주 멋진 둥지를 만들어서 암컷을 꼬일 수도 있죠.

수컷이 더 많이 노력하는 이유

수컷과 암컷 모두 새끼를 낳고 싶어 해요. 하지만 암컷이 새끼를 낳고, 키우는 일도 더 많이 하죠. 번식하는 일은 수컷보다 암컷한테 훨씬 더 힘든 일이기 때문에 암컷은 짝짓기를 할 때 좀 더 조심스러워져요. 그래서 수컷은 번식하기 위해 더 많이 노력해야 하지요.

살아가는 일과 새끼를 낳는 일, 동물들한테는 이 두 가지가 가장 중요해요.
그런데 이 두 가지는 아주 다른 일이 아니에요.
잘 살아가는 동물한테 새끼를 낳을 기회도 더 많이 주어지거든요.

제2화 엄마에게 도움을

책을 보다가 지니는 마음에 쏙 드는 새를 발견했어요.
이 새처럼 생긴 옷은 분명 반에서 가장 멋진 의상일 거예요!
지니는 책을 들고 엄마의 작업실로 가기로 했어요.
지니는 새가 된다는 생각에 벌써부터 가슴이 콩콩 뛰었지요.

지니는 엄마의 작업실 앞에서 우연히 우람이를 발견했어요.
우람이는 손에 가방을 들고 있었어요.

지니는 우람이에게 새 옷을 만들러 엄마한테 가는 중이라고 말했어요.
지니가 물었어요. "너는 어떤 옷을 입을 거니?"

우람이는 우쭐대며 말했어요.

그러고는 쌩하고 걸어가 버렸지요.
우람이는 왠지 자신감에 가득 차 보였어요.
지니도 얼른 엄마의 작업실로 올라갔어요.

엄마는 정말 바빠 보였어요.
엄마는 사람들과 이런저런 이야기를 하고 있었죠.
엄마가 문을 가리키며 말했어요. "지니야, 미안한데 엄마가 조금 바쁘거든.
엄마 사무실에 가서 잠깐만 기다릴래?"

지니는 엄마 사무실로 가다가 재미있어 보이는 방을 발견했어요.

그 방 안에는 옷이 아주 많았어요.
모자, 목도리, 치마들이 여기저기
빽빽하게 걸려 있었죠.

지니는 호기심에 이것저것 둘러보다
신기하게 생긴 모자를 발견했어요.

그 모자에는 아주 멋진 깃털 장식이 달려 있었어요.

지니는 망설이다가 모자를 한번 써 보았지요.
그랬더니…….

뽈룩!

뽀록!

몸만 멋진 게 아니야. 아까 우리의 멋진 춤 동작 봤지?

날개를 몸에 비벼서 소리를 내고, 머리를 흔들고, 꼬리도 폼 나게 돌리지.

게다가 우리의 자랑거리인 이 공기주머니! 이 소리는 아무도 못 따라와. 어때, 굉장하지?

수컷 뇌조가 공기주머니로 내는 소리는 매우 커서 4킬로미터 밖에서도 들을 수 있어요.

정말 굉장해요. 암컷들도 똑같이 생겼나요?

암컷들은 달라. 좀 평범하게 생겼지.

그러고 보니 수컷만 화려한 동물이 꽤 많아요. 왜 그런가요?

제가 설명해 드리죠. 수컷들도 처음에는 지금처럼 화려하지 않았어요. 아마 암컷하고 생김새가 비슷했을 거예요.

우리가 저랬다고?

얘개? 저게 뭐야?

물론 다 저렇게 똑같이 생기지는 않았겠죠. 예를 들어 머리에 깃털이 났다든가, 몸집이 더 크다든가 약간씩은 차이가 있었을 거예요. 그런데 언제부터인가 암컷들이 **생김새가 약간 다른 수컷**을 좋아하기 시작했어요! 암컷들은 그런 수컷하고만 짝짓기를 했죠.

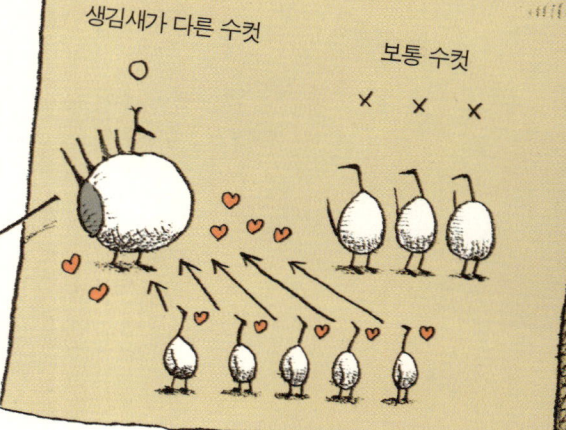

그럼 머리에 깃털이 난 수컷들이 많아졌겠네요?

우두커니 서 있는 수컷

춤추는 수컷

그렇죠! 자식은 아버지를 닮으니까요. 그러던 어느 날, 이상한 몸동작을 하는 수컷이 나타나기 시작했어요. 암컷들은 또다시 이런 수컷하고만 짝짓기를 했답니다. 결국 머리에 깃털이 있고, 화려한 몸동작을 보이는 수컷들이 점점 많아졌죠.

와, 정말 처음보다 많이 화려해졌네.

이런 일이 아주 오랫동안 계속되었어요. 수컷들은 점점 화려해지고, 춤 동작도 더 많아졌죠. 그러니까 지금 수컷들이 이렇게 멋진 모습이 된 건 모두 **암컷의 선택** 때문이에요.

아, 그렇구나!

지니야, 이제 가야 해.

수컷과 암컷의 다른 생김새

동물들 중에는 수컷과 암컷이 다르게 생긴 경우가 있어요. 보통 수컷의 생김새가 더 화려하고, 몸에 난 장식도 더 많아요. 또 수컷들만 독특한 몸동작을 보이거나 춤을 추는 동물도 있어요.

수컷만 화려해진 이유

처음부터 수컷들의 생김새가 화려하지는 않았어요. 암컷은 여러 수컷 중에서 마음에 드는 수컷하고만 짝짓기를 해요. 그런데 암컷들이 약간이라도 생김새가 다른 수컷들을 좋아하기 시작한 거예요. 결국 그런 수컷들만 새끼를 가질 수 있었죠. 그런 일이 오랫동안 계속되면서 수컷들은 점점 화려해졌어요.

중요한 건 암컷의 선택

누구와 짝짓기를 할지는 암컷에게 달려 있어요. 암컷에게 선택받지 못한 수컷은 짝짓기를 할 수 없지요. 암컷이 고르는 수컷만이 자기 새끼를 가질 수 있어요.

아무리 힘이 센 동물이라도 영원히 살지는 못해요.
짝짓기를 하고 새끼를 낳아야만 그 동물의 모습이 계속 이어지는 거죠.
어떤 동물이 새끼를 가질 수 있는지는 암컷에 의해서 정해져요.
암컷의 선택은 동물의 모습도 바꿀 수 있는 아주 중요한 일이에요.

제3화 신기한 가게

마침내 엄마가 사무실로 돌아왔어요. 손에는 지니가 좋아하는 따뜻한 코코아를 들고요. 지니는 엄마에게 뇌조 그림을 보여 주었어요. 엄마도 굉장히 멋진 새라며 좋아했지요. 엄마는 지니에게 뇌조 모양의 옷을 만들어 주기로 약속했어요.

"그런데 여기 새 발은 만들기 어려울 것 같구나."

엄마가 말했어요. "아무래도 오리발 같은 게 있어야 할 것 같은데."

엄마는 지니를 창문으로 데려갔어요.

저 아래에 있는 가게 보이지? 엄마가 필요한 게 있으면 가는 곳이란다. 아마 새 발로 쓸 만한 게 있을 거야. 가서 한번 찾아보렴.

지니는 얼른 가게로 갔어요.
그 가게는 문부터 아주 신기한 느낌이 들었어요.

문을 열고 안으로 들어가자 안경을 낀
뚱뚱한 아저씨가 지니를 반겼어요.

어서 오세요!
뭘 찾는지 몰라도 우리 가게에는
뭐든지 다 있답니다. 아마 여기에
없으면 세계 어디에도 없을걸요!

가게에는 아저씨 말대로 온갖 신기하고 희한하게 생긴 물건들이
꽉 들어차 있었어요. 지니는 신이 나서 이것저것 구경했지요.
그러느라 가게 안에 우람이가 있는 것도 몰랐어요.
사실 우람이도 의상 대회에 필요한 물건을 사러 와 있었거든요.

우람이는 벌써 이것저것 사 놓았지만 의상 대회에서 일등을 하기에는 여전히 부족한 것 같았어요. 우람이는 지니한테 준비가 덜 된 모습을 보이고 싶지 않았지요.

그런데 이를 어째! 지니가 자꾸 우람이가 숨은 쪽으로 다가오는 거예요! 당황한 우람이는 재빨리 옆에 있는 개구리 가면을 썼어요.

우와, 재밌겠다. 나도 써 봐야지.

이게 좋겠다!

5:05

5:00

그런데 개구리님, 한밤중에 왜 그렇게 크게 우는 거예요?

그, 그거야 암컷을 부르려고요. 이런 울창한 밀림에서 눈으로 암컷을 찾기는 힘들거든요. 소리를 내야 그걸 듣고 암컷들이 찾아온단 말이에요.

이번에는 암컷 대신에 박쥐님이 찾아왔네요.

그, 그러게요! 그토록 바라던 암컷은 안 오고 이런 험악한 박쥐만······.

퉁가라개구리

사는곳: 중앙아메리카의 열대 우림
특징: 비가 많이 오는 우기에 짝짓기를 해요. 한 번에 약 200개의 알을 물속에 낳고 거품으로 싸서 보호해요.

내가 어디가 험악하다는 거야? 이 정도면 잘생긴 거지!

4:30

암컷을 불렀는데 박쥐님이 오면 안 되잖아요?

그, 그렇죠. 암컷을 부르다가 박쥐 밥이 되면 안 되죠. 그런데 어쩔 수 없어요. 사실 우리 개구리들은 **두 가지 소리**를 낼 줄 알아요. **한 가지 소리**만 내면 박쥐가 우리를 잘 찾지 못하지만, 문제는 암컷들도 별로 안 온다는 거예요. 암컷들은 **두 가지 소리**를 다 내야 좋아하거든요!

그래서 암컷의 마음에 들려고 두 소리를 다 내잖아요? 그럼 박쥐들이 우리를 귀신같이 찾아내요. 우리는 목숨을 걸고 암컷을 부르는 거죠.

아, 그렇구나! 정말 위험하겠다. 오······.

울음소리의 비밀

한 가지 소리를 낼 때: 박쥐는 개구리를 잘 찾지 못하지만 암컷들도 거의 찾아오지 않아요.

두 가지 소리를 같이 내면: 암컷들은 많이 오지만······

박쥐들도 개구리를 잘 찾지요.

45

3:18

암컷하고 만나는 일이 굉장히 위험하네요. 좀 더 안전한 방법은 없나요?

개구리는 하룻밤에 7000번이나 암컷을 부른대요.

개구리들이 다 같이 모여 있으면 좀 나아요. 수컷 여러 마리가 동시에 울면 소리가 섞여서 누가 어디에 있는지 정확히 알기 힘들잖아요.

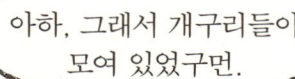
아하, 그래서 개구리들이 모여 있었구먼.

암컷들을 만나기가 좀 쉬웠으면 좋겠어요.

그러게 말이에요. 왜 암컷들은 두 소리를 다 내는 걸 좋아하는지 모르겠어요. 소리를 잘 낸다고 꼭 더 건강한 개구리인 것도 아닌데……. 그냥 멋져 보이나 봐요.

얘기 다 끝났어? 난 이제 갈래. 괜히 시간만 낭비했잖아!

아까 암컷 반딧불이를 찾으려고 열심히 불빛 신호를 보내고 있었어요. 어딘가에서 암컷의 불빛 신호가 보이기에 내려가 봤더니, 글쎄 저랑 종류가 다른 암컷이잖아요!

큰 반딧불이님, 도대체 어떻게 된 건가요?

별거 아니에요. 불빛 신호를 보고 수컷 반딧불이인 걸 알았죠. 나중에 알고 보니 종류가 저랑 다르더라고요.

반딧불이의 불빛 ① 뜨겁지 않아요.

② 40마리가 모이면 촛불 한 개만큼 밝은 빛을 내요.

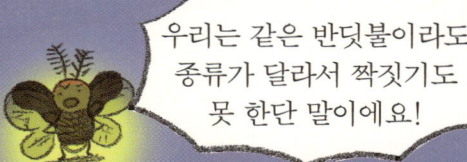

우리는 같은 반딧불이라도 종류가 달라서 짝짓기도 못 한단 말이에요!

짝짓기를 하려면 암컷과 수컷이 만나야 해요.

빽빽한 밀림에서는 누가 어디에 있는지 몰라서 암컷과 수컷이 서로 만나기가 어려워요. 캄캄한 밤이면 더 알기가 어렵죠. 그래서 동물들은 다양한 방법으로 서로를 불러요.
귀뚜라미는 '소리'를, 전기뱀장어는 '전기'를, 돌고래는 '초음파'를 이용해 짝을 찾지요.

자기가 어디에 있는지 알리면 위험할 수도 있어요.

짝짓기 상대를 부르는 일은 위험해요. 자기가 어디에 있는지를 다른 동물들한테도 알리는 일이니까요. 소리를 듣고 어떤 위험한 동물이 찾아올지 몰라요. 숲 속에는 짝짓기를 할 암컷 말고도 많은 동물이 살거든요. 하지만 아무리 위험해도 짝짓기는 꼭 해야 하는 일이에요.

짝짓기를 하는 건 아주 위험한 일이에요.
상대방을 만나려면 우선 자기가 어디에 있는지 알려야 하거든요.
그러다 보면 주변의 온갖 무서운 동물들이 찾아올 수도 있어요.
동물의 짝짓기는 모든 위험을 무릅쓰고 할 만큼 아주 소중한 행동이에요.

 # 대회가 열리는 날

오늘은 드디어 의상 대회가 열리는 날이에요.
아이들은 저마다 준비한 옷을 입고 들떠 있었어요.
소방관 옷을 입은 아이가 있는가 하면 공룡이나 화가처럼 꾸민 친구도 있었지요.

그때 우람이가 나타나자 아이들이 우르르 모여 들었어요.
우람이는 망토를 두른 슈퍼맨 복장으로 나타났거든요!

그때 라몽이 들어오며 말했어요.

아이들이 다가가 보니 라몽은 아주 커다랗고 희한하게 생긴
새 한 마리를 끌어 오고 있었어요!
이번 의상 대회에서 과연 누가 일등을 했을까요?

헤헤, 당연히 지니죠!

보고 싶은 지니에게

여기는 태양이 뜨거운 열대의 어느 섬이란다. 날씨는 꽤 덥지만 아빠는 운 좋게도 그늘진 곳을 한 군데 찾을 수가 있었지. 가만히 앉아서 바람에 움직이는 야자수를 보고 있으니까 마음이 편안해지더구나. 그러다가 우리 지니가 보고 싶어 이렇게 펜을 들었단다.

오늘은 바닷가에서 젊은 남녀가 뛰노는 모습이 눈에 띄더구나. 따가운 햇볕도 상관하지 않고 행복한 시간을 보내는 모습이 참 보기 좋았단다. 당장 네 엄마 생각이 났지. 엄마, 아빠가 정말 멋지게 사랑했다는 걸 너도 알지?

하지만 처음부터 모든 게 쉬웠던 건 아니란다. 네 엄마는 제법 인기가 있었거든. 엄마의 눈에 들려면 뭔가 특별해 보여야 할 것 같았어. 그러던 어느 날, 친구들과 다 같이 등산을 가기로 했단다. 난 무턱대고 혼자서 가방을 다 들겠다고 했지. 무척이나 힘들었지만 결국 꼭대기까지 가는 데 성공했단다! 그때부터 엄마랑 가까워지기 시작한 거야.

사실 동물의 사랑도 크게 다르지 않단다. 좋아하는 누군가가 있으면 마음에 들기 위해서 **열심히 노력해야 하지**. 특히 수컷이라면 다른 수컷과의 싸움도 겁내지 않아야 한단다. 그래야만 가족을 만들고, 지니처럼 예쁜 딸도 가질 수 있거든. 물론 쉬운 일은 아니지! 그렇지만 동물들이 멋진 건, 아무리 위험하고 어려워도 사랑을 하려고 한다는 거란다.

무슨 얘기인지 우리 지니도 곧 알게 될 거야. 조금만 있으면!

사랑하는 아빠로부터

'STOP!' 주문의 비밀

안녕하세요, 여러분! 오늘은 제가 어떻게 딱 5분간 모든 걸 멈출 수 있는 능력을 갖게 되었는지 그 비밀을 알려 줄게요.

제 일곱 살 생일잔치 때였어요. 엄마는 그날도 늦었지요.

저는 여덟 시 반까지 기다렸지만, 엄마는 그때까지도 오지 않았어요.

아가야, 정말 미안해. 그 대신 엄마가 예쁜 선물을 사왔단다!

선물은 바로…… 꼬마 뱀 엘리였어요.

엘리야, 친구들한테 인사하렴.

전 처음에는 선물이 썩 마음에 들지 않았어요.

엄마는 잠깐 머뭇거리더니 이렇게 말했지요.

"이 꼬마 뱀은 말이야, 그리스 신화에 나오는 메두사의 머리에 달린 뱀 가운데 하나란다."

저는 귀가 솔깃했어요! 그때 전 그리스 신화와 메두사의 머리 모양에 홀딱 빠져 있었거든요. 메두사는 신화 속 괴물로, 누구든지

메두사의 얼굴을 보기만 하면 돌처럼 굳어 버린대요. 엄마는 제 옆에 앉아서, 메두사에 관한 신기한 이야기를 한 가지 더 들려주었어요!

"비바람이 불고 천둥치는 날 밤 언덕에 올라, 번개가 치는 순간 엘리와 함께 'STOP!' 하고 외치면, 모든 걸 멈출 수 있단다."
전 그 이야기를 듣고 가슴이 콩콩 뛰어서 며칠 간 잠도 오지 않았어요.

며칠을 기다리던 어느 날 밤, 마침내 비가 아주 많이 내리기 시작했어요. 전 정말로 엘리와 함께 언덕 위로 올라갔지요.

전 번개가 칠 때까지 계속 기다렸어요.

집에서는 제가 없어진 줄 알고 난리가 났죠.
마침내 번개가 쳤을 때,
전 용기를 내서 소리쳤어요! "STOP!"

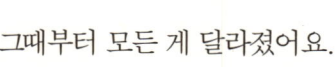

그때부터 모든 게 달라졌어요.

제가 원하는 것은 무엇이든 멈출 수 있게 되었죠!

헤헤, 아쉽지만 우리 친구들,
3권에서 만나요!

작가의 말

여기 할 말 많은 동물들이 있다.

열심히 제 갈 길을 가는 개미, 정신없이 짹짹거리는 새들, 전봇대마다 킁킁 냄새를 맡는 강아지, 다 저마다의 이유가 있습니다. 평범한 이들의 눈에는 동물들이 그저 단순해 보일지도 모르죠. 하지만 그들의 목소리를 들을 줄 아는 사람에겐, 어딜 가더라도 왁자지껄 북적북적 소란스럽기 짝이 없습니다.

작은 생명체 하나라도 풀어낼 얘깃거리가 많습니다. 우리가 말을 걸 수 있다면 어떨까요? 하루하루 먹잇감을 구하기가 어렵다고 투덜대거나, 짝을 못 만난 속사정을 털어놓는 재미있는 상상을 해 봅니다. 특히 지구의 구석구석까지 조금씩 집어삼키고 있는 우리 인간에게 하고픈 말이 유난히 많을지 모릅니다.

모든 동물들에게 말할 기회를 주고 싶었습니다. 우리가 일방적으로 이해했던 그들의 입장을 스스로 설명할 수 있도록 말이지요. 그래서 순수한 지니의 눈을 통해 동물의 세계로 발을 들여놓는 순간, 다양한 모양의 입이 열리고 온갖 종류의 목소리가 들려왔습니다. 동물들을 통해서 우리가 미처 알지 못했던 또 다른 자연을 만나고 이해할 수 있었습니다.

안타깝게도 동물을 소재로 한 어린이 과학만화 중 많은 책들이 몇 가지 신기한 특성을 늘어놓는 데 그치거나, 비전문가에 의해 만들어지고 있습니다. 동물을 징그럽게 묘사하거나 인간이 맞서 싸워야 할 대결 상대로 왜곡시키는 경우도 있

죠. 아이들은 대부분 가장 좋아하는 동물을 통해 자연과 환경에 관심을 가지기 시작합니다. 따라서 자연과 처음 만나기 시작하는 어린이들에게 과학적으로 검증되고 올바르게 전달하는 창을 열어 주는 것이 아주 중요하다고 생각합니다.

저는 어렸을 때부터 항상 꿈꾸던 동물 행동학자가 되기 위해 꾸준히 동물 공부를 해 왔습니다. 지금은 영장류를 연구하고 있으며, 한국에서 최초로 영장류의 서식지인 열대 우림을 직접 찾아 열심히 연구를 하고 있습니다.

「STOP!」 시리즈의 모든 동물학적 내용은 이미 발표된 학문적 성과에 근거하여 만들어졌습니다. 동물에 대한 애정과 관심을 바탕으로 하되, 과학적 진정성과 '생명의 이야기'에 대한 사랑을 가지고 아이들에게 다가가고자 했습니다.

이제 모든 아이들의 귀에 동물들의 이야기가 들리길 기대해 봅니다.

자, 그럼 지금부터 스톱!

「STOP!」 만화로 배우는 동물 과학 그림책

동물들이 말을 할 수 있다면 얼마나 좋을까요? 동물들에게 궁금한 걸 직접 물어볼 수 있을 테니까요. 우리의 주인공 지니는 바로 그런 특별한 능력이 있어요. 지니가 "스톱!" 하고 외치는 순간 뻐꾸기가 왜 다른 새의 둥지에 알을 낳는지, 개미가 왜 진딧물을 도와주는지, 비비원숭이의 엉덩이는 왜 빨간지 동물들이 스스로 이야기해 주기 시작한답니다.

이처럼 「STOP!」 시리즈는 동물의 행동과 생태에 관해서 꼭 알아야 할 주제만을 골라 동물들에게 직접 설명을 듣고, 더 나아가 자연과 환경에 대해서도 생각하게 만드는 책이에요. 이 책을 읽다 보면 동물들과 자연환경에 대한 정보와 지식을 누구보다 많이 알 수 있어요. 뿐만 아니라 자연과 사람의 관계, 사람과 동물의 서로 다른 입장을 이해하는 균형 잡힌 생각도 가질 수 있어요.

「STOP!」 시리즈는 총 9권으로 구성되어 있습니다. 1~5권에서는 동물들이 살아가는 방식을 다룹니다. 1권 『동물들이 함께 사는 법(공생과 기생)』, 2권 『동물들의 가족 만들기(짝짓기와 생식)』, 3권 『동물들이 이야기하는 법(신호와 의사소통)』, 4권 『동물들의 먹이 사냥(먹이 사슬)』, 5권 『동물과 더불어 살기(동물 이웃)』로 나누어져 있어요. 6~9권에서는 환경 문제가 동물들에게 어떤 영향을 주는지 알아봅니다. 6권 『환경을 살리는 건강한 먹을거리(식량 생산이 생태계에 미치는 영향)』, 7권 『사라지는 열대 우림 구하기(생활용품과 밀림의 관계)』, 8권 『더워지는 지구 지키기(지구 온난화)』, 9권 『세계 환경 회의와 동물 대표(환경 보호)』로 나누어져 있어요.

이 시리즈를 읽으면 동물들이 왜 특이한 행동을 하고, 환경의 파괴로 얼마나 고생하고 있는지 알 수 있습니다. 이제부터 집 뒤뜰의 뻐꾸기 둥지에서부터 남아메리카 아마존의 울창한 열대 우림까지, 전 세계 구석구석으로 신나는 동물 탐험을 떠나 볼까요?